GOUVERNEMENT GÉNÉRAL DE L'INDOCHINE

INSPECTION GÉNÉRALE DES TRAVAUX PUBLICS

Arrêté du 7 Avril 1919

PORTANT FIXATION

DES

CLAUSES ET CONDITIONS GÉNÉRALES

Imposées aux Entrepreneurs

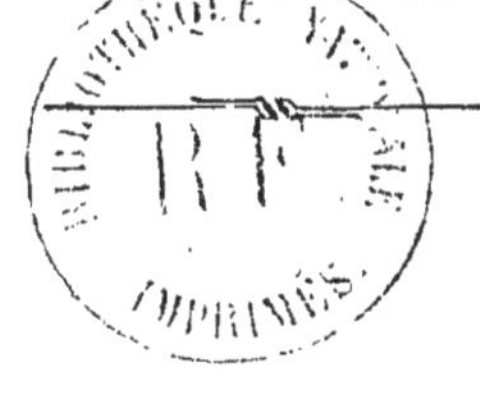

HUÉ

IMPRIMERIE DAC-LAP
BUI-HUY-TIN & Cie

1927

GOUVERNEMENT GÉNÉRAL DE L'INDOCHINE

INSPECTION GÉNÉRALE DES TRAVAUX PUBLICS

Arrêté du 7 Avril 1919

PORTANT FIXATION DES CLAUSES ET CONDITIONS GÉNÉRALES Imposées aux Entrepreneurs

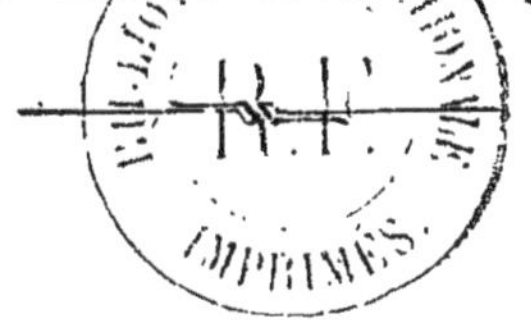

HUÉ

IMPRIMERIE DAC-LAP
BUI-HUY-TIN & Cie

1927

GOUVERNEMENT GÉNÉRAL
de
L'INDOCHINE

Inspection Générale
des
TRAVAUX PUBLICS

LE GOUVERNEUR GÉNÉRAL DE L'INDOCHINE

Vu les décrets du 20 Octobre 1911, portant fixation des pouvoirs du Gouverneur Général et organisation administrative et financière de l'Indochine ;

Vu l'arrêté ministériel du 20 Janvier 1899, portant fixation des clauses et conditions générales imposées aux entrepreneurs de travaux publics des colonies ;

Vu l'arrêté ministériel du 19 Septembre 1918 rapportant en ce qui concerne l'Indochine, celui du 20 Janvier 1899 et disposant que les clauses et conditions générales applicables à cette colonie seront fixées par l'arrêté du Gouverneur Général.

ARRÊTE :

ARTICLE UNIQUE. — Est promulgué en Indochine l'arrêté ministériel du 19 Septembre 1918 rapportant, en ce qui concerne, l'Indochine, celui du 20 Janvier 1899 et disposant que les clauses et conditions générales applicables à cette colonie seront fixées par arrêté du Gouverneur Général.

Hanoi, le 7 Avril 1919.
Par délégation :
Le Secrétaire Général
du Gouvernement Général de l'Indochine,
MONGUILLOT

LE MINISTRE DES COLONIES

Vu l'arrêté ministériel du 20 Janvier 1899, portant fixation des clauses et conditions générales imposées aux entrepreneurs des Travaux Publics des Colonies.

Sur le rapport du Chef de Service de l'Indochine, de l'Inspecteur Général des Travaux des Colonies.

ARRÊTE :

L'arrêté susvisé du 20 Janvier 1899 est rapporté en ce qui concerne l'Indochine où les nouvelles clauses et conditions seront fixées par arrêté du Gouverneur Général.

Fait à Paris le 19 Septembre 1918.
Henri SIMON

LE GOUVERNEUR GÉNÉRAL DE L'INDOCHINE

Vu les décrets du 20 Octobre 1911, portant fixation des pouvoirs du Gouverneur Général et organisation financière et administrative de l'Indochine ;

Vu l'arrêté ministériel du 20 Janvier 1899 portant fixation des clauses et conditions générales imposées aux entrepreneurs de Travaux Publics des Colonies;

Vu l'arrêté ministériel du 19 Septembre 1918, rapportant, en ce qui concerne l'Indochine, celui du 20 Janvier 1899 et disposant que les clauses et conditions générales applicables à cette Colonie seront fixées par arrêté du Gouverneur Général ;

Vu l'article 212 du Décret du 30 Décembre 1912 sur le régime financier des Colonies ;

Sur la proposition de l'Inspecteur Général des Travaux Publics, la Commission permanente du Conseil de Gouvernement entendue.

ARRÊTE

ARTICLE PREMIER

Dispositions Générales

Tous les marchés relatifs à l'exécution des travaux dépendant de l'Administration des Travaux Publics de l'Indochine, qu'ils soient passés dans la forme d'adjudication publique ou qu'ils résultent de conventions faites de gré à gré, sont soumis, en tout ce qui leur est applicable, aux dispositions suivantes.

TITRE PREMIER

Adjudications

ARTICLE 2

Conditions à remplir pour être admis aux adjudications

Nul n'est admis à concourir aux adjudications s'il ne produit une déclaration indiquant son intention de soumissionner. A cette déclaration doivent être joints des références et un acte régulier de cautionnement, sauf l'exception stipulée au dernier paragraphe de l'article suivant et les autres exceptions autorisées par les lois, décrets et règlements en vigueur.

ARTICLE 3

Déclarations et Références

La déclaration fait connaître les noms, prénoms, qualité et domicile du candidat.

Les références consistent en une note émanant du candidat et indiquant le lieu, la date, la nature et l'importance des travaux qu'il a exécutés ou à l'exécution desquels il a concouru, l'emploi qu'il occupait dans chacune des entreprises auxquelles il a collaboré, ainsi que les noms, qualités et domiciles des hommes de l'art sous la direction desquels les travaux ont été exécutés. Les certificats délivrés par ces hommes de l'art peuvent être joints à la note.

La déclaration et les références sont visées à titre de communication par l'Ingénieur en Chef. A cet effet, elles doivent lui être présentées dans un délai qui, à défaut de stipulation contraire du cahier des charges, expire dix jours avant l'adjudication.

Il n'est pas exigé de références pour la fourniture des matériaux destinés à l'exécution des chaussées en empierrement, ni pour les travaux de terrassements dont l'estimation ne s'élève pas à plus de 5.000$.

ARTICLE 4

Cautionnements

Le cahier des charges spécial à chaque entreprise peut déterminer l'importance des garanties pécuniaires à produire :

Par chaque soumissionnaire, à titre de cautionnement provisoire ;

Par l'adjudicataire, à titre de cautionnement définitif.

Ces cautionnements sont soumis aux conditions fixées par le cahier des charges.

A défaut de stipulations particulières dans le cahier des charges, le montant en est fixé pour le cautionnement provisoire, au soixantième, et pour le cautionnement définitif au trentième de l'estimation des travaux, déduction faite de toutes les sommes portées à valoir pour dépenses imprévues et ouvrages en régie.

Le cautionnement définitif est constitué dans le lieu où se fait l'adjudication, et doit être réalisé dans les vingt jours qui suivent la notification de l'approbation du marché.

Il reste affecté à la garantie des engagements contractés par l'adjudicataire jusqu'à la réception définitive des travaux. Toutefois l'autorité qui a approuvé l'adjudication peut, dans le cours de l'entreprise, autoriser la restitution de tout ou partie du cautionnement.

Article 5

Approbation de l'adjudication

L'adjudication n'est valable qu'après qu'elle a été approuvée par l'autorité compétente.

L'entrepreneur ne peut prétendre à aucune indemnité dans le cas où l'adjudication n'est point approuvée.

Si l'approbation du marché n'a pas été notifiée à l'adjudicataire dans un délai qui sera fixé par le cahier des charges, l'adjudicataire sera libre de renoncer à l'entreprise et sur la déclaration écrite de cette renonciation il lui sera donné main-levée de son cautionnement.

Mais s'il n'a pas usé de cette faculté avant la notification de l'approbation du marché, il sera engagé irrévocablement par cette notification.

Article 6

Pièces à délivrer à l'entrepreneur

Aussitôt après l'approbation de l'adjudication, l'autorité désignée par le cahier des charges délivre à l'entrepreneur, sur son récépissé, une expédition vérifiée par le Chef du service technique ou son délégué et dûment légalisée, du cahier des charges, du bordereau des prix, du détail estimatif, et des autres pièces qui seraient expressément désignées dans le cahier des charges comme servant de base du marché, ainsi qu'une copie certifiée du procès-verbal d'adjudication et un exemplaire imprimé des présentes clauses et conditions générales.

L'entrepreneur peut d'ailleurs faire prendre copie dans les bureaux de l'Ingénieur des autres pièces qui ont figuré au dossier public d'adjudication.

Article 7

Frais d'adjudication

L'entrepreneur acquitte les droits auxquels pourra donner lieu l'enregistrement de son marché, tels que ces droits résulteront des lois et règlements en vigueur.

Il paye, en outre, les droits de timbre, tant de la minute que de l'expédition, et les frais d'expédition des pièces ci après : le cahier des charges, le bordereau des prix. Le détail estimatif et les autres pièces expressément désignées dans le cahier des charges comme devant servir de base au marché ; enfin le procès-verbal, d'adjudication.

L'état de ces frais est arrêté par l autorité qui a approuvé l'adjudication. Le montant en est versé par l'entrepreneur à la caisse du Trésorier-payeur général ou de ses proposés.

Article 8

Domicile de l'entrepreneur

L'entrepreneur est tenu d'élire un domicile à proximité des travaux et de faire connaître le lieu de ce domicile à l'autorité qui a approuvé l'adjudication. Faute par lui de remplir cette obligation dans un délai de quinze jours à partir de la notification de l'approbation de l'adjudication, toutes les notifications qui se rattachent à son entreprise sont valables, lorsqu'elles ont été faites à la Mairie ou à la Résidence du lieu désigné à cet effet par le cahier des charges.

Après la réception définitive des travaux, l'entrepreneur est relevé de l'obligation d'avoir un domicile à proximité des travaux. S'il ne fait pas connaître son domicile à l'autorité qui a approuvé l'adjudication, les notifications relatives à son entreprise sont valablement faites au lieu ci-dessus désigné.

TITRE II

Exécution des travaux

ARTICLE 9

Défense de sous-traiter sans autorisation

L'entrepreneur ne peut céder à des sous traitants une ou plusieurs parties de son entreprise, sans le consentement de l'Administration.

Dans tous les cas, il demeure personnellement responsable, tant envers l'Administration qu'envers les ouvriers et les tiers.

Si un sous-traité est passé sans autorisation, l'Administration peut, suivant les cas, soit prononcer la résiliation pure et simple de l'entreprise soit procéder à une nouvelle adjudication à la folle enchère de l'entrepreneur

ARTICLE 10

Ordre de service pour l'exécution des travaux

L'entrepreneur doit commencer les travaux dès qu'il en a reçu l'odre de l'Ingénieur.

Il reçoit gratuitement de l'Ingénieur, au cours de l'entreprise, une expédition certifiée de chacun des dessins de détail et autres documents nécessaires à l'exécution des travaux.

Il se conforme strictement aux plans, profils, tracés, ordre de service, et, s'il y a lieu, aux types et modèles qui lui sont donnés par l'Ingénieur ou par ses préposés en exécution du cahier des charges.

L'entrepreneur se conforme également aux changements qui lui sont prescrits pendant le cours du travail, mais seulement lorsque l'Ingénieur les a ordonnés par écrit et sous sa responsabilité. Il ne lui est tenu compte de ces changements qu'autant qu'il justifie de l'ordre écrit de l'Ingénieur.

Lorsque l'entrepreneur estime que les prescriptions d'un ordre de service dépassent les obligations de son marché, il doit, sous peine de forclusion, en présenter l'observation écrite et motivée dans un délai de dix jours

La réclamation ne suspend pas l'exécution de l'ordre de service, à moins qu'il n'en soit autrement ordonné par l'Ingénieur.

ARTICLE 11

Règlement pour la police des chantiers

L'entrepreneur est tenu d'observer tous les règlements qui sont faits par l'autorité compétente, sur la proposition du Chef du service technique, pour la police des chantiers.

ARTICLE 12

Présence de l'entrepreneur sur les lieux des travaux

Pendant la durée de l'entreprise, l'adjudicataire ne peut s'éloigner du lieu des travaux qu'après avoir fait agréer par l'Ingénieur un représentant capable de le remplacer, de manière qu'aucune opération ne puisse être retardée ou suspendue à raison de son absence.

L'entrepreneur se rend dans les bureaux des Ingénieurs et il les accompagne dans leurs tournées toutes les fois qu'il en est requis.

ARTICLE 13

Choix des Commis, Chefs d'Ateliers et ouvriers

L'entrepreneur ne peut prendre pour commis et chefs d'atelier que des hommes capables de l'aider et de le remplacer au besoin dans la conduite et le métrage des travaux.

L'Ingénieur a le droit d'exiger le changement ou le renvoi des agents et ouvriers de l'entrepreneur pour insubordination, incapacité ou défaut de probité.

L'entrepreneur demeure d'ailleurs responsable des fraudes ou malfaçons qui seraient commises par ses agents et ouvriers dans la fourniture et dans l'emploi des matériaux.

Article 14

Liste nominative des ouvriers

Le nombre des ouvriers de chaque profession est toujours proportionné à la quantité d'ouvrage à faire.

Pour mettre l'Ingénieur à même d'assurer l'accomplissement de cette condition, il lui est remis périodiquement et aux époques par lui fixées une liste nominative des ouvriers,

Article 15

Payement des ourviers

L'entrepreneur paye ses ouvriers tous les mois ou à des époques plus rapprochées si l'Administration le juge nécessaire.

En cas de retard régulièrement constaté l'Administration se réserve la faculté de payer d'office les salaires arriérés sur les sommes dûes à l'entrepreneur.

Article 16

Secours aux ouvriers victimes d'accidents

L'entrepreneur a la charge entière de toutes les dépenses du service médical de l'entreprise, les soins secours et indemnités qui pourraient être dûes aux ouvriers et employés victimes d'accidents survenus sur les chantiers, des secours et indemnités aux veuves et aux familles de ces ouvriers et employés.

Il est soumis, à cet égard, à toutes les obligations résultant, des textes en vigueur au moment de l'adjudication.

Article 17

Magasins, équipages et outils

L'entrepreneur est tenu de fournir à ses frais les magasins et équipages, voitures, ustensiles et outils de toute espèce nécessaires à l'exécution des travaux sauf les exceptions stipulées au cahier des charges.

Article 18

Etablissement des chantiers et faux frais de l'entreprise

L'entrepreneur a également à sa charge l'établissement des chantiers et chemins de service et les indemnités y relatives, les frais de tracé et de mesurage des ouvrages, les cordeaux, piquets et jalons, les frais d'éclairage des chantiers, s'il y a lieu, et généralement toutes les menues dépenses et tous les faux frais relatifs à l'entreprise.

Article 19

Carrières désignées au devis

Les matériaux sont pris dans les lieux indiqués au cahier des charges.

L'entrepreneur y ouvre au besoin, des carrières à ses frais.

Il est tenu de se conformer aux lois et règlements pour tout ce qui concerne les extractions de matériaux.

Il paye, sans recours contre l'Administration, les dommages qu'ont pu occasionner la prise ou l'extraction, le transport et le dépôt des matériaux,

L'entrepreneur doit justifier, toutes les fois qu'il en est requis, de l'accomplissement des obligations énoncées dans le présent article, ainsi que du payement des indemnités pour l'établissement des chantiers et chemins de service.

Article 20

Carrières proposées par l'entrepreneur

Si l'entrepreneur demande à substituer aux carrières indiquées dans le cahier des charges d'autres carrières fournissant des matériaux d'une qualité que les Ingénieurs reconnaissent au moins égale, il reçoit l'autorisation d'employer ces matériaux, et ne subit sur les prix de l'adjudication aucune réduction pour cause de diminution des frais d'extraction, de transport et de taille des matériaux.

A défaut d'accord avec les propriétaires des nouvelles carrières, il peut aussi obtenir l'autorisation de les exploiter.

ARTICLE 21

Emploi des matériaux extraits des carrières désignées

L'entrepreneur ne peut, sans l'autorisation écrite du propriétaire, employer soit à l'exécution de travaux privés, soit à l'exécution de travaux publics autres que ceux en vue desquels l'autorisation a été accordée, les matériaux qu'il a fait extraire dans les carrières exploitées par lui, en vertu du droit qui lui a été conféré par l'Administration.

ARTICLE 22

Qualité des matériaux

Les matériaux doivent être de la meilleure qualité dans chaque espèce, être parfaitement travaillés et mis en œuvre conformément aux règles de l'art ; ils ne peuvent être employés qu'après avoir été vérifiés et provisoirement acceptés par l'Ingénieur ou par ses préposés. Nonobstant cette acceptation et jusqu'à la réception définitive des travaux, ils peuvent, en cas de surprise, de mauvaise qualité ou de malfaçon, être rebutés par l'Ingénieur, et ils sont alors remplacés par l'entrepreneur.

ARTICLE 23

Dimensions et dispositions des matériaux et des ouvrages

L'entrepreneur ne peut, de lui même apporter aucun changement au projet.

Il est tenu de faire immédiatement, sur l'ordre écrit des Ingénieurs, remplacer les matériaux ou reconstruire les ouvrages dont les dimensions ou les dispositions ne sont pas conformes au cahier des charges ou aux ordres de service.

Toutefois, si les Ingénieurs reconnaissent que les changements faits par l'entrepreneur ne sont contraires ni aux règles de l'art, ni au goût, les nouvelles dispositions peuvent être maintenues, mais alors l'entrepreneur n'a droit à aucune augmentation de prix; à raison des dimensions plus fortes ou de la valeur plus considérable que peuvent avoir les matériaux ou les ouvrages. Dans ce cas, les métrages sont basés sur les dimensions prescrites par le cahier des charges ou par les ordres de service. Si, au contraire, les dimensions sont plus faibles ou la valeur des matériaux moindre, les prix sont réduits en conséquence.

ARTICLE 24

Démolition d'anciens ouvrages

Lorsque l'exécution des travaux comporte la démolition d'anciens ouvrages, matériaux doivent être déplacés avec soin pour qu'ils puissent être façonnés de nouveau et réemployés s'il y a lieu.

ARTICLE 25

Objets trouvés dans les fouilles

L'Administration se réserve la propriété des matériaux qui se trouvent dans les fouilles et démolitions faites dans les terrains appartenant à l'Administration sauf à indemniser l'entrepreneur de ses soins particuliers.

Elle se réserve également les objets d'art et de toute nature qui pourraient, s'y trouver sauf indemnité à qui de droit.

ARTICLE 26

Emploi de matières neuves ou de démolition appartenant à l'Etat ou à la Colonie

Lorsque, en dehors des prévisions du marché, les Ingénieurs jugent à propos l'employer des matières neuves ou de démolition appartenant à l'Administration, l'entrepreneur n'est payé que des frais de main d'œuvre et d'emploi, réglés conformément aux indications de l'article 29 ci-après.

ARTICLE 27

Vices de construction

Lorsque les Ingénieurs présument qu'il existe dans les ouvrages des vices de constructions qu'ils ordonnent soit en cours d'exécution, soit avant la réception définitive, la démolition et la reconstruction des ouvrages présumés vicieux.

Les dépenses résultant de cette opération qui à lieu en présence de l'entrepreneur ou lui dûment convoqué, sont à sa charge lorsque les vices de construction sont constatés et reconnus.

ARTICLE 28

Perte et avaries. — Cas de force majeure

Il n'est alloué à l'entrepreneur aucune indemnité à raison des pertes, avaries ou dommages occasonnés par retard dans l'exécution, négligence, imprévoyance, défaut de moyens ou fausses manœuvres.

Ne sont pas compris, toutefois, dans la disposition précédente les cas de force majeure qui, dans le délai de dix jours au plus après l'évènement, ont été signalé par écrit par l'entrepreneur; dans ce cas, néanmoins, il ne peut rien être alloué qu'avec l'approbation de l'Administration. Passé le délai de dix jours, l'entrepreneur n'est plus admis à réclamer.

ARTICLE 29

Règlements de prix des ouvrages non prévus

Lorsqu'il est jugé nécessaire d'exécuter des ouvrages non prévus ou de modifier la provenance des matériaux telle qu'elle est indiquée par le cahier des charges, l'entrepreneur se conforme immédiatement aux ordres écrits qu'il reçoit à ce sujet, et il est préparé sans retard de nouveaux prix d'après ceux du marché ou par assimilation aux ouvrages les plus analogues. Dans le cas d'une impossibilité absolue d'assimilation, on prend pour termes de comparaison les prix courants du pays.

Les nouveaux prix, calculés de manière à être passibles du rabais de l'adjudication, après avoir été débattus par les Ingénieurs avec l'entrepreneur sont soumis à l'approbation de l'Administration.

A défaut d'entente amiable, il est statué par les tribunaux administratifs.

En attendant la solution du litige, l'entrepreneur est payé provisoirement aux prix préparés par les Ingénieurs.

Article 30

Augmentation dans la masse des travaux

En cas d'augmentation dans la masse des travaux, l'entrepreneur ne peut élever aucune réclamation tant que l'augmentation n'excède pas le sixième du montant de l'entreprise. Si l'augmentation est de plus du sixième, il a le droit à la résiliation immédiate de son marché sans indemnité, à la condition toutefois de l'avoir demandée par lettre adressée à l'autorité qui a approuvé l'adjudication dans le délai de deux mois à partir de la notification de l'ordre de service dont l'exécution entrainerait l'augmentation de plus du sixième Le tout sauf l'application, s'il y a lieu, de l'article 32 ci-après.

Article 31

Diminution dans la masse des travaux

En cas de diminution dans la masse des travaux, l'entrepreneur ne peut élever aucune réclamation tant que la diminution n'excède pas le sixième du montant de l'entreprise, sauf l'application de l'article 32. Si la diminution est de plus du sixième. Il reçoit, s'il y a lieu, à titre de dédommagement, une indemnité qui, à défaut d'entente amiable, est fixé par les Tribunaux administratifs, sans préjudice du droit à la résiliation immédiate qui doit être demandé dans la même forme et le même délai que ci-dessus,

Article 32

Changement dans l'importance des diverses natures d'ouvrages

Lorsque les changements ordonnés par l'Administration, ou résultant de circonstances qui ne sont, ni de la faute, ni du fait de l'entrepreneur, modifient l'importantce de certaines natures d'ouvrages, de telle sorte que les quantités diffèrent de plus d'un quart en plus ou en moins des quantités portées au détail estimatif, l'entrepreneur, peut présenter, en fin de compte, une demande en indemnité basée sur le préjudice que lui ont caus? les modifications survenues à cet égard dans les prévisions du projet.

ARTICLE 33

Variation dans les prix

Si, pendant le cours de l'entreprise, les prix subissent une augmentation telle que la dépense totale des ouvrages restant à exécuter, d'après le cahier des charges se trouve augmentée d'un sixième comparativement aux estimations du projet, l'entrepreneur a droit à la résiliation de son marché sans indemnité.

ARTICLE 34

Cessation absolue ou ajournement des travaux

Lorsque l'Administration ordonne la cessation absolue des travaux l'entreprise est immédiatement résiliée. Lorsqu'elle prescrit leur ajournement pour plus d'une année soit avant, soit après un commencement d'exécution, l'entrepreneur a droit à la résiliation de son marché, s'il la demande, sans préjudice de l'indemnité qui, dans un cas comme dans l'autre, peut lui être alloués s'il y a lieu.

Si les travaux ont reçu un commencement d'exécution, l'entrepreneur peut requérir qu'il soit procédé immédiatement à la réception provisoire des ouvrages exécutés, puis à leur réception définitive après l'expiration du délai de garantie.

ARTICLE 35

Mesures coercitives

Lorsque l'entrepreneur ne se conforme pas, soit aux dispositions du cahier des charges, soit aux ordres de service écrits qui lui sont donnés par les Ingénieurs, un arrêté de l'autorité qui a approuvé l'adjudication le met en demeure d'y satisfaire dans un délai déterminé. Ce délai, sauf le cas d'urgence, n'est pas de moins de dix jours, à dater de la notification de l'arrêté de mise en demeure.

Passé ce délai, si l'entrepreneur n'a pas exécuté les dispositions prescrites, un second arrêté de la même autorité peut, soit prononcer la résiliation de l'entreprise avec confiscation du cautionnement à titre de dommages intérêts, soit ordonner l'établissement d'une régie aux frais de l'entrepreneur. Dans ce dernier cas il est procédé immédiatement en sa présence ou lui dûment appelé à l'inventaire descriptif du matériel de l'entreprise et à la remise de la partie de ce matériel qui n'est pas utilisé par l'Administration pour l'achèvement des travaux.

L'Administration peut, selon les circonstances, soit ordonner une nouvelle adjudication à la folle enchère de l'entrepreneur, soit prononcer la résiliation pure et simple du marché, soit prescrire la continuation de la régie.

Pendant la durée de la régie, l'entrepreneur est autorisé à en suivre les opérations, sans qu'il puisse toutefois entraver l'exécution des ordres des Ingénieurs.

Il peut d'ailleurs être relevé de la régie, s'il justifie des moyens nécessaires pour reprendre les travaux et les mener à bonne fin.

Les excédents de dépenses qui résultent de la régie ou de l'adjudication sur folle enchère sont prélevés sur les sommes qui peuvent être dûes à l'entrepreneur, sans préjudice des droits à exercer contre lui en cas d'insuffisance.

Si la régie ou l'adjudication sur folle enchère amène au contraire une diminution dans les dépenses, l'entrepreneur ne peut réclamer aucune part de ce bénéfice, qui reste acquis à l'Administration.

Article 36

Décès de l'entrepreneur

En cas de décès de l'entrepreneur, le contrat est résilié de droit, sauf à l'Administration à accepter, s'il y a lieu, les offres qui peut être faites par les héritiers pour la continuation des travaux.

ARTICLE 37

Faillite ou liquidation judiciaire de l'entrepreneur

Le contrat est également résilié de plein droit :

1° En cas de faillite de l'entrepreneur, sauf à l'Administration à accepter, s'il y a lieu, les offres qui peuvent être faites par les créanciers pour la continuation de l'entreprise.

2° En cas de liquidation judiciaire, si l'entrepreneur n'est pas autorisé par le tribunal à continuer l'exploitation de son industrie.

TITRE III

Règlement des dépenses

ARTICLE 38

Bases du règlement des comptes

A défaut de stipulations spéciales dans le cahier des charges, les comptes sont établis d'après les quantités d'ouvrages réellement effectuées, suivant les dimensions et les poids constatés par des métrés définitifs et des pesages faits en cours ou en fin d'exécution, sauf les cas prévus par l'article 32, et les dépenses sont réglées d'après les prix de l'adjudication.

L'entrepreneur ne peut, dans aucun cas, pour les métrés et pesages, invoquer en sa faveur les us et coutumes.

ARTICLE 39

Attachements

Les attachements sont pris, au fur et à mesure de l'avancement des travaux, par l'agent de la surveillance, en présence de l'entrepreneur et contradictoirement avec lui celui-ci doit les signer au moment de la présentation qui lui en est faite.

Lorsque l'entrepreneur refuse de signer ces attachements ou ne les signe qu'avec réserve, il lui est accordé un délai de dix jours à dater de la présentation des pièces pour formule par écrit ses observations Passé ce délai, les attachements sont censés acceptés par lui, comme s'ils étaient signés sans réserve.

Dans le cas de refus de signature ou de signature avec réserve, il est dressé procès-verbal de la présentation et des circonstances qui l'ont accompagnées Ce procès-verbal est annexé aux pièces non acceptées.

Les résultats des attachements ne sont portés en compte qu'autant qu'ils ont été admis par les Ingénieurs.

En cas de réclamation de l'entrepreneur produite dans les circonstances prévues au dernier paragraphe de l'article 10, des attachements contradictoires son pris, soit sur sa demande, soit sur l'ordre de l'Ingénieur, sans que ses constatations préjugent, même en principe, l'admission des réclamations présentées.

Article 40

Décomptes provisoires mensuels

A la fin de chaque mois, il est dressé un décompte provisoire des ouvrages exécutés et des dépenses faites pour servir de base aux payements d'acomptes à faire s'il y a lieu à l'entrepreneur.

Article 41

Décomptes annuels et décomptes définitifs

A la fin de chaque année, il est dressé un décompte de l'entreprise que l'on divise en deux parties; la première comprend les ouvrages et portions d'ouvrages dont le métré a pu être arrêté définitivement: et la seconde, les ouvrages ou portions d'ouvrages dont la situation n'a pu être établie que d'une manière provisoire.

L'entrepreneur est invité, par un ordre de service dûment notifié, à venir prendre connaissance, dans les bureaux de l'Ingénieur, de ce décompte, auquel sont joints les métrés et les pièces à l'appui, et à le signer pour acceptation; procès-verbal est dressé de la présentation qui lui en est faite et des circonstances qui l'ont accompagnées.

L'entrepreneur, indépendamment de la communication qui lui est faite de ces pièces sans déplacement, est, en outre, autorisé à faire transcrire par ces commis dans les bureaux de l'Ingénieur, celles dont il veut se procurer des expéditions.

En ce qui concerne la première partie du décompte, l'acceptation de l'entrepreneur est définitive, tant pour les quantités d'ouvrages que pour l'application des prix.

S'il refuse d'accepter ou s'il ne signe qu'avec réserves, il doit déduire ses motifs par écrit dans les trente jours qui suivent la notification de l'ordre de service mentionné au paragraphe 2.

Il n'est expressément stipulé que l'entrepreneur n'est point admis à élever de réclamation au sujet des pièces ci-dessus indiquées, après le dit délai de trente jours, et, que, passé ce délai, le décompte est censé accepté par lui, quand bien même il ne l'aurait signé qu'avec des réserves dont les motifs ne seraient pas spéficiés.

Le procès-verbal de présentation doit toujours être annexé aux pièces non acceptées.

En ce qui concerne la deuxième partie du décompte, l'acceptation de l'entrepreneur n'est considérée que comme provisoire.

Les stipulations des paragraphes 2, 3, 4, 5, 6 et 7, du présent article s'appliquent aux décomptes définitifs partiels qui peuvent être présentés à l'entrepreneur dans le courant de la campagne.

Elle s'applique aussi au décompte général et définitif de l'entreprise. à l'exception du délai les réclamations qui est porté à quarante jours.

A défaut de stipulation expresse dans le cahier des charges, l'ordre de service invitant l'entrepreneur à prendre connaissance de ce décompte lui est notifié dans un délai de trois mois à partir de la date de la réception provisoire.

Article 42

L'entrepreneur ne peut, revenir sur le prix du marché

L'entrepreneur ne peut, sous aucun prétexte, revenir sur les prix du marché qui ont été consentis par lui.

Article 43

Reprise du matériel en cas de résiliation

A moins de stipulation contraire du cahier des charges l'Administration, dans les cas de résiliation prévue par les articles 9, 30, 31, 34, 35 .36 et 37 à la faculté, mais non l'obligation, d'acquérir telle partie du matériel de l'entreprise qu'elle juge utile à l'achèvement des travaux, si l'entrepreneur ou ses ayants-droit en font la demande.

Lorsque la résiliation a lieu par application de l'article 33, l'entrepreneur ne peut se refuser à céder à l'Administration les installations et le matériel visés par cet article.

Dans tous les cas de résiliation, l'entrepreneur est tenu d'évacuer les chantiers, magasins et emplacements utiles à l'entreprise dans le délai qui est fixé par l'Administration.

Les matériaux approvisionnés par ordre, s'ils remplissent les conditions du cahier des charges, sont acquis par l'Administration aux prixde l'adjudication ou à ceux résultant de l'application de l'article 29 ci-dessus, à moins de stipulations spéciales inscrites dans le cahier des charges de l'entreprise.

Les matériaux qui ne sont pas déposés sur les chantiers ne sont pas portés en compte, à moins de stipulations spéciales inscrites dans le cahier des charges de l'entreprise.

TITRE IV

Payements

ARTICLE 44

Payements d'acomptes

Les paiements d'acomptes s'effectuent tous les mois ou aux époques fixées par le cahier des charges, en raison de la situation des travaux exécutés, sauf retenue d'un dixième pour garantie.

Il est, en outre, délivré des acomptes sur le prix des matériaux approvisionnés sur les chantiers, jusqu'à concurrence des quatre cinquièmes de leur valeur.

Le tout sous la réserve énoncée à l'article 49 ci-après, et sauf le paiement des acomptes à des époques plus rapprochées, en vertu des stipulations spéciales qui pourraient résulter des lois et décrets en vigueur.

ARTICLE 45

Maximum de la retenue

Si la retenue de dixième est jugée excéder la proportion nécessaire pour la garantie de l'entreprise il peut être stipulé au cahier des charges ou décidé en cours d'exécution qu'elle cessera de s'accroître lorsqu'elle aura atteint un maximum déterminé.

ARTICLE 46

Réception provisoire

Immédiatement après l'achèvement des travaux, il est procédé à une réception provisoire par les Ingénieurs, en présence de l'entrepreneur ou lui dûment appelé par écrit. En cas d'absence de l'Entrepreneur, il en est fait mention au procès verbal

ARTICLE 47

Réception définitive

Il est procédé de la même manière à la réception définitive après l'expiration du délai de garantie.

A défaut de stipulation expresse dans le cahier des charges, ce délai est de six mois à dater de la réception provisoire pour les travaux d'entretien, les terrassements et les chaussées d'empierrement, et d'un an pour les ouvrages d'art.

Pendant la durée de ce délai, l'entrepreneur demeure, responsable de ces ouvrages et est tenu de les entretenir.

Réserve est faite au profit de l'Administration de l'action en garantie prévue par les articles 1792 et 2270 du Code Civil.

Article 48

Paiement de la retenue de garantie

La retenue de garantie de l'entreprise n'est payée à l'entrepreneur qu'après la réception définitive et lorsqu'il a justifié de l'accomplissement des obligations énoncées à l'article 19.

Article 49

Intérêt pour retard de paiememt

Lss paiements ne pouvant être faits qu'au fur et à mesure des fonds disponibles, il ne sera jamais alloué aucune dénomination pour retard de paiements pendant l'exécution des travaux.

Toutefois, si l'entrepreneur ne peut être entièrement soldé dans les trois mois qui suivent la réception définitive régulièrement constatée, des intérêts calculés d'après le taux légal pour la somme qui lui reste dûe lui sont payés sur sa demande et à partir du jour de cette demande.

TITRE V

Contestation

Article 50

Contestations entre l'Ingénieur et l'entrepreneur

Si, dans le cours de l'entreprise des difficultés s'élèvent entre l'Ingénieur et l'entrepreneur, il en est référé au Chef du service technique.

Dans les cas prévus par l'article 22 et par le deuxième paragraphe de l'article 27. Si l'entrepreneur, conteste les faits. l'Ingénieur dresse un procès-verbal des circonstances de la contestation et le notifie à l'entrepreneur, qui doit présenter ses observations dans un délai de trois jours. Ce procès-verbal est transmis par l'Ingénieur au Chef du service technique pour qu'il soit donnételle suite que de droit.

Article 51

Intervention de l'Administration

En cas de contestation avec le Chef du service technique. l'entrepreneur doit à peine de forclusion, dans un délai maximum de trois mois à partir de la notification de la réponse de ce Chef de service, remettre à l'autorité qui a approuvé l'adjudicaiton un mémoire où il indique les motifs et le montant de ces réclamations.

Si, dans le délai de trois mois, à partir de la remise de ce mémoire, l'Administration n'a pas fait connaître sa réponse, l'entrepreneur peut, comme dans le cas où ses réclamations ne seraient pas admises saisir des dites réclamations la juridiction administrative. Il n'est admis, à porter devant cette juridiction que les griefs énoncés dans le mémoire prévu au présent article.

Si, dans le délai de six mois, à dater de la notification de la décision intervenue sur les réclamations auxquelles aura donné lieu le décompte général et définitif de l'entreprise, l'entrepreneur n'a pas porté ses réclamations devant le tribunal compétent, il sera considéré comme avant adhéré à ladite décision, et toute réclamation se trouvera éteinte.

Article 52

Jugement des contestations.

Toute difficulté entre l'Administration et l'entrepreneur concernant le sens ou l'exécution des clauses du marché est portée devant la juriaiction administrative.

TITRE VI

Clauses diverses

ARTICLE 53

Saisies — Arrêts — Oppositions

Dans le cas de saisies-arrêts ou oppositions sur les sommes ordonnancées ou mandatées, ces sommes sont versées à la caisse des dépôts et consignations.

Hanoi, le 7 Avril 1919

Par délégation

Le Secrétaire Général
du Gouvernement Général de l'Indochine,

Signé : MONGUILLOT.

Visé au Contrôle Financier.
Le 15 Mars 1919 Nº 2168.

Pour ampliation

P. le Directeur du Cabinet et du Personnel et P. O.

L'Archiviste
du Gouvernement Général de l'Indochine,

Sigué : POLICAND

Inséré au Journal Officiel de l'Indochine,
N· 30 du 12 Avril 1919.

www.ingramcontent.com/pod-product-compliance
Ingram Content Group UK Ltd.
Pitfield, Milton Keynes, MK11 3LW, UK
UKHW022149260726
13993UKWH00005B/2261

9 782329 085869